LE PETIT SOUPER,

VAUDEVILLE.

LE

PETIT SOUPER,

OU

LOUIS XV ET LE RÉGENT,

VAUDEVILLE EN UN ACTE,

Par MM. Anicet-Bourgeois et Em. Vanderburch,

REPRÉSENTÉ, POUR LA PREMIÈRE FOIS,
SUR LE THÉATRE DE LA PORTE-SAINT-MARTIN,
LE 24 JUIN 1832.

PRIX : 1 FR. 50 C.

PARIS.

J. N. BARBA, LIBRAIRE,

PALAIS-ROYAL, GRANDE COUR, DERRIÈRE LE THÉATRE-FRANÇAIS.

1832

PERSONNAGES.	ACTEURS.
LOUIS XV, âgé de quinze ans.	Mlle MÉLANIE.
PHILIPPE D'ORLÉANS, régent et premier ministre.	M. PROVOST.
LE COMTE DE NOCÉ, roué de la régence.	M. HERET.
LE COMTE DE BORGES. *Id.*	M. LAINÉ.
ÉLOI, valet de pied du roi.	M. SERRES.
MADAME DE PHALARIS, maîtresse du régent.	Mlle LAINÉ.
MADELINE, jardinière.	Mlle ADÈLE.

La scène se passe dans la partie réservée du parc de Versailles.

IMPRIMERIE DE E. DUVERGER,
RUE DE VERNEUIL, N° 4.

LE PETIT SOUPER,

VAUDEVILLE EN UN ACTE.

Le théâtre représente la salle de verdure du parc de Versailles, connue sous le nom de salon d'Apollon. A gauche, dans un bosquet fermé par une grille, est un buffet monté en vaisselle plate.

SCENE PREMIERE.

ÉLOI, PLUSIEURS DOMESTIQUES *portant des paniers de vin, d'argenterie, et venant garnir le buffet.*

CHOEUR.

AIR : *Nous avons suivi la trace.* (Guillaume Tell.)

Signalons tous notre zèle,
Surtout notre activité;
Et de fleurs et de vaisselle
Ornons ce buffet monté.

ÉLOI, *empressé, aidant lui-même à placer des vases et des plats garnis.*

Avec quel regret je touche
Ces flacons, ces mets exquis!
Et l'eau m'en vient à la bouche
Rien qu'en sentant ces vins choisis.

REPRISE DU CHOEUR.

Signalons, etc.

ÉLOI, *les interrompant et ouvrant la grille.*

Doucement, doucement, je vous ai déjà dit qu'il fallait du mystère.

UN DOMESTIQUE.

Mais, monsieur Éloi, pourquoi ne fait-on pas ce souper au château?

ÉLOI.

Ça ne vous regarde pas.

UN DOMESTIQUE.

Ah ! c'est peut-être notre jeune roi qui...

ÉLOI.

Le roi ! par exemple ! du tout, c'est justement du roi que l'on se cache ; vous sentez bien que le voilà dans ses quatorze ans et demi ; il commence à avoir des idées, et monseigneur le duc ne veut pas qu'il ait des idées, comprenez-vous ?

LE DOMESTIQUE.

Ma foi, non.

ÉLOI.

Eh bien! tant mieux, c'est votre devoir; avez-vous fini? Allez-vous-en... la plus grande discrétion. (*Il ferme la grille.*) Allez porter cette clef à monsieur de Nocé, et à onze heures sonnant arrivez tous ici pour servir.

LE DOMESTIQUE.

C'est dit, monsieur Éloi.

REPRISE DU CHOEUR.

Signalons, etc.

(*Les domestiques sortent.*)

SCENE II.

ÉLOI, *seul.*

C'est pas l'embarras, ils me demandent pourquoi ; je me suis déjà fait la même question une douzaine de fois ; car enfin, cette idée de venir souper ici, quand il y a tant de salles à manger au château ! C'est une lubie de monseigneur. Oh ! non, un premier ministre ne peut pas avoir de lubies... Mais à propos de ça, j'y pense : pourquoi diable monseigneur s'est-il inventé de se faire premier ministre depuis la mort de ce brave abbé Dubois? Lui qui était déjà duc et régent, il me semble qu'il avait de quoi vivre ?

AIR :

Oui, c'est bien surprenant tout d'même,
Monseigneur qu'était princ' du sang
Vient d'se nommer ministr' lui-même,
Et du conseil est l'président.
Pour ne désobliger personne
Et comm' tout l'mond' veut en tâter,
Attendu qu'la place est très bonne,

Les rois voudront p't'être en goûter.
Un jour ils voudront en goûter.
Bien sûr qu'ils en voudront goûter.

(*regardant à gauche.*) Tiens, tiens, voilà Madeline, ça se trouve bien.

SCENE III.

ÉLOI, MADELINE.

MADELINE.

Ah! bonsoir, monsieur Éloi, qu'est-ce que vous faites donc par ici?

ÉLOI.

Chut! chut! imprudente, les murs ont des oreilles!

MADELINE, *souriant.*

Mais il n'y en a pas de murs?

ÉLOI.

Eh bien! et les estatues? Mais je suis content de te voir, j'ai tant de choses à te dire...

MADELINE.

Quoi donc?

ÉLOI.

D'abord, mon amour...

MADELINE.

Ah! bah!

ÉLOI.

Ah! bah! et vous osez dire, ah! bah! à un amant passionné qui vous aime avec l'autorisation de votre père? Car vous ne pouvez les avoir oubliées, Madeline, ces paroles d'un père qui disait dans son langage de Suisse, en taillant des orangers : «Oui, mes enfans, je vous marierai après la floraison de septembre, s'il ne vient pas de gelée blanche.»

MADELINE.

C'est vrai; mon père, simple jardinier de l'orangerie, a été flatté de vous voir entrer au château.

ÉLOI.

Comme frère de lait du roi, du côté de ma sœur cadette, et de ma mère qu'était sa nourrice, on m'a nommé d'emblée huitième valet de pied, rien que ça. Ah! il faut le dire, ton père a fièrement d'amour-propre!

Air : *Un homme pour faire un tableau.*

Notre amour est au d'ssus, d'ailleurs,
De l'orgueil et de la g'lé' blanche.
Je suis sur le ch'min des grandeurs,
Me v'là deux galons sur ma manche.

MADELINE.

Il n'faut pas t'arrêter ainsi ;
Nous prendrons si bien nos mesures,
Qu'une fois qu'tu s'ras mon mari
T'en auras sur tout's les coutures.

ÉLOI.

C'est très flatteur, et tu vois que ça ne commence pas mal. Et si je te disais qu'hier j'ai assisté, moi, en personne, au conseil des ministres.

MADELINE.

Toi?

ÉLOI.

Parole d'honneur! la serviette sous le bras.

MADELINE.

C'est tout de même une grande faveur.

ÉLOI.

Je le crois bien. Tu ne te figures pas, toi, simple jardinière, élevée dans la fleur d'orange, ce que c'est que le conseil des ministres.

MADELINE.

Ma foi, non ! je n'ai jamais vu la cour que dans le jardin.

ÉLOI.

Imagine-toi une grande chambre toute dorée, tapissée, balayée, des rideaux à toutes les fenêtres et une table au milieu.

MADELINE.

Et les ministres autour ?

ÉLOI.

Oui, et sur la table...

MADELINE.

Des cartons, des papiers?

ÉLOI.

Du tout, des faisans, des pâtés, des biscuits, que ça n'en finissait plus. On m'a fait venir pour me demander si le roi était dans son lit, et j'ai monté la garde à la porte, pour que personne ne troublât l'assemblée générale.

MADELINE.

Étaient-ils graves? parlaient-ils d'affaires?

ÉLOI.

Ils ne parlaient pas beaucoup; mais ils mangeaient ferme. Enfin ils administraient, vois-tu, Madeline :

AIR *de Marianne*.

Les ministr's en faisant bombance
Dis'nt qu'ils font l'bonheur des sujets :
C'est nous qui payons la dépense

Et l'on n'nous invite jamais.
Mais c'est égal,
Tant bien que mal,
Nous vivotons : c'est là not' récompense.
L'gouvernement,
Un' fois par an,
Nour régal'ra, mais avec notre argent.
Nous f'sons l'miel, nous buvons l'vinaigre :
Voilà pourquoi, tu l'comprendras,
Le gouvernement est si gras
Et le peuple si maigre.

Bref, il paraît qu'il y aura encore conseil ce soir ici, dans ce cabinet de verdure, qu'on appelle la salle d'Apollon.

MADELINE.

Conseil, ici?

ÉLOI, *lui montrant à travers la grille.*

Tu vois bien, la nappe est déjà mise. Surtout, ne va pas bavarder...

MADELINE.

Bavarder? de quoi?

ÉLOI.

De ça, le roi ne doit pas s'en douter; tu lui parles quelquefois au roi, sur la terrasse; et ce n'est pas ce qui me fait le plus de plaisir.

MADELINE.

Le nigaud! ne va-t-il pas être jaloux, et du roi encore! C'est abominable!

ÉLOI.

Ne te fâche pas : non, non, ma petite femme, c'est pour rire. Dame, écoute donc, on a vu des princes épouser des bergères. Ça me fait penser que voilà la brune, il faut que j'aille faire coucher sa Majesté. J'ai peut-être eu tort de la laisser se promener si tard sur la terrasse. Dieu! si monseigneur savait cela! adieu, à tantôt.

AIR *de l'Artiste.*

Adieu, petite amie;
Ce soir je te verrai.
Excus' ma jalousie,
Je m'en corrigerai.
Y m'trotte dans la tête
Plus d'chos's que je ne veux :
L'amour rend un peu bête;
Et j'suis bien amoureux.

(*Il sort.*)

SCENE IV.

MADELINE, *seule.*

Ce pauvre garçon, il est gentil tout de même; oh! pas si gentil que le roi! le roi! c'est dommage qu'il ne soit encore qu'un enfant; il a plutôt l'air d'une demoiselle que d'un garçon, et il est si timide! l'autre jour, quand je lui ai offert un bouquet, il s'est mis à rougir si fort en me regardant que ça m'en a rendu toute confuse; il m'a semblé que si j'avais été une grande dame, ce regard-là m'aurait fait bien plaisir.

AIR *de l'Audience du Prince* (de Panseron.)

Pourquoi n'suis-je qu'un' jardinière!
Un roi n'peut pas m'faire la cour,
Et pourtant je serais bien fière,
Non de son rang, mais d'son amour.
Quel bonheur!
Quel bonheur!
Pour moi quel triomphe flatteur
Si j'avais touché son cœur!
Quel bonheur!
Quel bonheur!
Mais c'n'est qu'un rêve flatteur.
Je ne suis qu'une jardinière,
Le roi n'peut pas m'faire la cour :
A lui pourtant je serais fière
D'inspirer, d'inspirer de l'amour.

Mais je ne me trompe pas, c'est bien le roi qui vient par ici; monseigneur est avec lui. Oh! mon Dieu, il l'aura rencontré; Eloi sera grondé pour l'avoir laissé promener si tard; quel dommage qu'il ne soit pas seul! les voilà... sauvons-nous.

(*Elle sort.*)

SCENE V.

LE ROI, LE RÉGENT, M. DE NOCÉ. *Le régent suit le roi le chapeau à la main, l'air un peu mécontent. Le roi marche négligemment, le chapeau sur la tête; il paraît distrait et regarde de côté et d'autre; le comte de Nocé se tient à distance.*

LE RÉGENT.

Quoi! Sire, encore dans le parc, à une heure aussi peu convenable? Votre Majesté, d'ailleurs, ne doit jamais rester seule;

j'en ferai des reproches à monsieur l'aumônier et à vos gentilshommes.

LE ROI.

Ne grondez personne; c'est moi qui les ai renvoyés; leur conversation est si maussade, si fatigante, que je préfère en vérité celle de ce pauvre Eloi.

LE RÉGENT.

N'avez-vous pas l'abbé Fleury, votre précepteur?

LE ROI.

C'est un très digne homme; mais il m'ennuie à mourir; est-ce que je ne pourrais pas le faire cardinal pour m'en débarrasser?

LE RÉGENT.

Comment, Sire, c'est presque du blasphème. (*à part.*) J'ai peine à garder mon sérieux.

LE ROI.

Dame! écoutez donc, monsieur le régent, on m'a fait passer, il y a six ans, des mains des femmes dans celles des hommes; je m'en suis à peine aperçu, et s'il faut vous dire la vérité, je trouve que je n'ai pas gagné au change.

AIR: *J'en guette un petit de mon âge.*

Lorsque j'étais entre les mains des femmes,
De petits soins on m'entourait toujours;
Et franchement, c'est auprès de ces dames
Que j'ai passé mes plus beaux jours.
Avec plaisir, certes je me dérobe
A mes mentors en soutane, en rabat;
Car je croyais changer d'état,
Je n'ai fait que changer de robe.

LE RÉGENT, *à part.*

Ah! mon Dieu, mais voilà qui devient presque séditieux... (*haut, et prenant un ton sévère.*) Sire, votre conduite m'afflige; le peu de respect que vous portez au vertueux abbé Fleury, qu'on a chargé de votre éducation, est d'un mauvais exemple et me fait beaucoup de peine, comme régent et comme premier ministre; mon devoir est de blâmer une si coupable irrévérence...

AIR: *de Louise ou la réparation.*

Ce saint prélat que votre cœur honore
Par vous toujours doit être révéré.

LE ROI, *timidement.*

Si j'ai péché, je suis bien jeune encore;
Avec le temps je me corrigerai.
A vos conseils, à vos leçons fidèle,

Oui, monseigneur, comptez que désormais
Je veux en tout vous prendre pour modèle ;
Et je tiendrai ce que je vous promets.

LE RÉGENT, *bas au comte, et en souriant.*

Me prendre pour modèle!...

LE ROI.

Oui, mon oncle, quand j'aurai votre âge, je serai comme vous, sage, austère...

LE RÉGENT, *bas au comte.*

Ça a vraiment l'air d'une épigramme.

LE COMTE, *bas au duc.*

Oh! c'est bien innocemment.

LE RÉGENT, *de même.*

Tu crois? (*haut.*) Vous ne pouvez mieux faire, Sire ; ne m'avez-vous pas vu toujours environné de dignes ecclésiastiques! Encore aujourd'hui je pleure la perte d'un saint homme, mon directeur spirituel... (*bas.*) et temporel.

LE ROI.

Oui, le cardinal Dubois? Oh! je l'aimais bien aussi, ce cher cardinal; il ne prêchait jamais et il riait toujours.

LE RÉGENT.

Allons, Sire, il se fait tard; il faut rentrer.

LE ROI, *à part.*

Si je pouvais seulement voir Madeline! (*haut.*) Vous restez, monseigneur?

LE RÉGENT.

Oui, Sire, j'ai à m'occuper d'une affaire très grave.

LE ROI.

Une affaire d'État?

LE RÉGENT.

Sans doute; Sire, recevez l'assurance de mon respect.

LE ROI.

Bonsoir, mon oncle. (*Fausse sortie.*) (*à part.*) Je reviendrai.

LE RÉGENT, *bas au comte.*

Dans une heure... c'est dans ce bosquet, n'est-ce pas?

LE COMTE, *bas.*

Oui, monseigneur, tout a été ordonné. (*haut, au roi, qui regarde de tous côtés.*) Que cherchez-vous donc, Sire?

LE ROI.

Moi? rien, monsieur; je vous attends.

LE COMTE.

Tout aux ordres de votre Majesté.

LE ROI.

AIR *du Siége de Corinthe.*

Il faut rentrer; oui, par prudence
Je dois feindre encor d'obéir.

Mais en dépit de la régence
Ici je compte revenir.

LE RÉGENT, NOCÉ.

Il va rentrer ; et par prudence
Retardons l'instant du plaisir :
Dans quelques minutes, je pense,
Sa Majesté va bien dormir.

SCENE VI.

LE RÉGENT, *seul.*

Ce pauvre petit roi, il s'en va tout triste d'avoir été grondé ; je m'y prenais pourtant bien mal : le rôle de moraliste et de pédant ne me va pas du tout ; à vous, mon cher Fleury, à vous, de droit, l'hypocrisie ; je crois que j'aurais été un aussi mauvais gouverneur que ce garnement de Dubois. Le cher abbé est allé rendre compte de tous ses menus péchés ; le compte sera terriblement long, le diable lui-même s'y perdra ; sa mort est un avertissement pour moi, je devrais me ranger, ne plus boire, ne plus aimer ; mais ce ne serait plus vivre, alors. Non, non, quelques jours seulement me restent ; eh bien ! je les donne au plaisir ; encore une joyeuse nuit ! C'est le verre en main et une femme à mes côtés ; c'est la tête et le cœur en feu que je veux célébrer les funérailles de Dubois, cette débauche fût-elle la dernière, je la dois à sa mémoire. (*riant.*) Ah ! ah ! ah ! si Louis XV m'entendait... Après tout, gouvernerait-il plus mal ? Fleury n'en fera qu'un cagot ; on lui peindra l'époque de la régence, cette époque de fêtes et de joie, comme une tache dans notre histoire ; on lui dira mes folies, mes débauches, mes prodigalités ; on lui fera garder son or pour les prêtres ; moi je le jetais au peuple.

(*) AIR *du pot de fleurs.*

Quoique trouvant la couronne un peu chère,
Peuple ingénu, tu lui donnes ton bien.
Si malgré moi j'imposai ta misère,
A toi, du moins, je n'emporterai rien.
Rois harpagons, quelle erreur est la vôtre !
Être prodigue est un devoir enfin :
A ses sujets quand on prend d'une main,
Il faut savoir rendre de l'autre.

(*) Vu l'état de siége, on a exigé que ce couplet ne fût pas chanté.

SCENE VII.

LE RÉGENT, MADELINE.

MADELINE, *entrant sans voir le duc.*

Deux personnes viennent d'entrer au château, mais je n'ai pu reconnaître le roi; il est resté peut-être... Oh! monseigneur.

LE RÉGENT.

Que vois-je! une jeune fille! c'est l'ombre de Dubois qui me l'envoie; ma foi, de son vivant, il ne l'eût pas mieux choisie.. Que voulez-vous, ma belle enfant?

MADELINE.

Monseigneur, je suis de la maison; je suis Madeline, la fille du jardinier, la fiancée d'Éloi.

LE RÉGENT.

Du jardinier? c'est grand dommage; en vérité, les grandes dames sont bien malheureuses; il n'y a pas une figure comme celle-là dans tout le ban et l'arrière-ban de la noblesse; je crois, sur mon honneur, que la beauté s'est faite roturière.

SCENE VIII.

LES MÊMES, LE COMTE DE NOCÉ.

LE COMTE.

Monseigneur, le roi est rentré... Madame la comtesse vous attend dans votre petit cabinet.

LE RÉGENT.

Je vais l'y rejoindre... Mais, avant, j'ai à écrire au roi de Pologne qui me propose sa fille pour mon pupille... Nous ne le marierons pas encore... il aurait peur de sa femme... Le courrier partira demain pour porter notre refus... Adieu, petite; quand je voudrai de jolies fleurs...

MADELINE, *timidement.*

Elles sont toutes à votre service, monseigneur.

LE RÉGENT, *lui frappant sur la joue.*

Nous verrons cela... (*au comte.*) Elle est charmante, cette petite. (*Il sort avec le comte.*)

MADELINE.

Il est aimable, monseigneur... Si le roi était avisé comme cela, il y aurait encore plus de plaisir à causer avec lui... Mais, ce pauvre petit, je suis sûre qu'il est couché, à présent, et qu'il ne pense qu'à bien dormir.

SCENE IX.

MADELINE, LE ROI.

LE ROI *rentre étourdiment sans chapeau et en sautant de joie.*

Quel bonheur! personne ne m'a vu... Ils me croient endormi, et je puis me promener tout à mon aise, je suis libre...

MADELINE.

Ah! mon Dieu!... mais, c'est lui!

LE ROI.

Ah! on respire ici.

AIR *du Péage du Châtelain.*

L'air est pur, la soirée est belle;
Ma foi, je veux en profiter.
On ne fait que me tourmenter;
Bravons gardes et sentinelle :
Je ne suis pas maître chez moi;
C'est à qui me fera la loi.
Chacun, vraiment, me fait la loi.
Et dans ces royales demeures,
M'ennuyer est mon seul emploi;
On me fait coucher à huit heures :
C'est bien la peine d'être roi!

(*Apercevant Madeline et prenant tout à coup un air timide.*) Ah!

MADELINE, *souriant.*

N'ayez pas peur, sire, c'est moi.

LE ROI.

Je le vois bien... Et vous êtes seule, Madeline?

MADELINE.

Oui, Sire.

LE ROI, *à part.*

Tout à l'heure il me semblait que j'avais mille choses à lui dire, et maintenant qu'elle est là... je n'ose plus...

MADELINE.

Qu'a donc votre Majesté?

LE ROI.

Tiens, ma pauvre Madeline, ma Majesté est tourmentée, inquiète... Ma Majesté ne sait pas ce qu'elle veut.

MADELINE.

Vraiment!

LE ROI.

Ce soir, quand mon oncle m'a rencontré, je me promenais pensif sur la terrasse... Je pensais à je ne sais quoi, Madeline.

MADELINE.

J'ai peut-être troublé les réflexions de votre Majesté... Je m'en vas.

LE ROI, *vivement.*

Mais non, reste, au contraire, ne me laisse pas seul.

(*Il est près de Madeline, il lui touche la main et se retire aussitôt.*)

MADELINE.

Votre Majesté a peut-être peur, la nuit?

LE ROI.

Justement... Et quand on est deux... vois-tu...

MADELINE.

Sire, si vous l'ordonnez.

LL ROI, *très ingénument.*

Je ne t'ordonne pas... je t'en prie. (*Le roi ému se recule.*)

MADELINE, *à part.*

Mon Dieu! qu'il est timide pour un prince!

LE ROI.

Tiens, ma petite Madeline, je vais te faire un aveu.

MADELINE.

Un aveu!

LE ROI.

Oui; mais ne te fâche pas... C'est depuis le dernier bouquet que tu m'as apporté... tu sais... à la porte de l'Orangerie, il y a trois jours, je ne fais que songer à toi; je te vois partout : dans les fleurs que tu m'as données, dans mon atlas, je retrouve ta figure rose et fraîche; enfin, jusque dans mon livre d'Heures, j'ai trouvé que Sainte-Cécile te ressemblait.

MADELINE, *à part.*

Mais, c'est presque une déclaration!

LE ROI.

C'est drôle, n'est-ce pas, Madeline?

AIR : *Je sais arranger des rubans.*

Même à la chapelle c'est toi
Qui t'offres toujours à ma vue;
Souvent je rougis malgré moi,
Sentant mon ame tout émue.
Je trouvais ce livre ennuyeux,
Et maintenant je le dévore...
La sainte a de bien jolis yeux,
Mais les tiens sont plus beaux encore.

MADELINE.

Vraiment, Sire?... Ah! mon Dieu! voilà Eloi!

LE ROI.

Eloi !... tant mieux... Il me cherche, sans doute, je veux le faire enrager... Il t'aime, ce nigaud-là... Je crois que c'est pour cela que je lui en veux... Reste là, qu'il ne me voie pas.

(*Il se cache derrière Madeline. Eloi entre tout effaré.*)

SCENE X.

LES MÊMES, ELOI, *tenant à la main un chapeau à galon d'or.*

ÉLOI.

Ah ! mon Dieu ! quel événement !

LE ROI, *caché, à part.*

Qu'est-ce qu'il a donc ?

MADELINE.

Qu'est-il arrivé !

ÉLOI, *hors de lui.*

Une catastrophe incroyable, effroyable, épouvantable... Le roi a disparu... Je l'avais laissé sur la grande terrasse qui se promenait, il n'y a plus personne ; et juste au bord de la pièce d'eau des Suisses, qu'est-ce que j'ai trouvé, le chapeau de sa Majesté !... La monarchie est tombée dans l'eau... Moi qui en étais responsable !

LE ROI, *riant.*

Ah ! ah ! ah !

ÉLOI, *plus fâché.*

Tu ris, mauvais cœur !

MADELINE.

Rassure-toi, mon pauvre garçon ; la monarchie se porte à merveille ; et elle est cachée derrière mon tablier.

(*Elle s'avance et laisse voir le roi.*)

ÉLOI, *laissant tomber le chapeau.*

Ah ! bah !

MADELINE.

Il se fait tard ; je me sauve. Sire, je suis bien votre servante. Adieu, Eloi... Ah ! le pauvre garçon a-t-il eu peur !

(*Elle sort.*)

SCENE XI.

LE ROI, ELOI.

ÉLOI, *stupéfait.*

Comment, Sire, vous faites des farces comme ça ?

LE ROI.

Avoue que je t'ai bien attrapé ?

ÉLOI.

C'est gentil... Un roi de France et de Navarre, jouer à cache-cache à l'heure qu'il est? Qu'est-ce que votre Majesté faisait donc avec Madeline?

LE ROI.

Mais, pas grand chose, nous causions.

ÉLOI.

Vous causiez... Et de quoi?

LE ROI, *riant.*

Vous êtes bien curieux, monsieur Eloi? Mais je te pardonne... (*soupirant.*) Ah! mon pauvre Éloi, tu es bien heureux, toi; tu t'amuses, et moi je m'ennuie.

ÉLOI.

Dame! votre Majesté; je ne suis pas roi.

LE ROI.

Dis donc, c'est bien gentil, une femme.

ÉLOI.

C'est ben gentil, mais pas toujours, allez; si vous saviez comme ça a des lubies, des caprices...

LE ROI, *distrait.*

Dis-moi donc: quand tu es tout seul, avec Madeline, tu lui parles; qu'est-ce que tu lui dis?

ÉLOI.

Dame! Majesté, je lui dis toutes sortes de choses enflammées.

LE ROI.

Et puis?

ÉLOI.

Dame! et puis... je l'embrasse.

LE ROI.

Tu l'embrasses? est-il hardi! Et elle ne se fâche pas.

ÉLOI.

Au contraire, elle est contente.

LE ROI.

C'est drôle, il me semble que je n'oserais jamais embrasser une femme sans sa permission.

ÉLOI, *à part.*

Est-il innocent! faut que je le style un peu, j'aurai travaillé aussi à son éducation. (*haut.*) En vérité, Sire, vous êtes par trop... enfin, vous oubliez votre rang; faut pas être comme ça. Quand on est roi, voyez-vous, v'là ce qu'on fait.

LE ROI, *riant.*

Voyons, monsieur Éloi.

ÉLOI.

Supposez que vous voyez une femme qui vous plaît; quand

je dis une, je pourrais dire toutes, eh bien! vous pouvez les aimer tout à votre aise; vous pouvez... vous en avez le droit; oui, vous avez le droit d'aimer toutes les femmes de vot' royaume, si ça vous fait plaisir.

LE ROI.

Vraiment! j'ai ce droit là?

ÉLOI.

Certainement, par la grace de Dieu!

AIR *de Thémire.*

Dès que vous voyez une femme,
D'amour vous parlez noblement;
Dans vos yeux vous mettez d'la flamme;
Ell' vous aim' tout d'suite humblement.
Et d'ses parens si l'amour-propr' se blesse,
De s'fâcher s'ils ont la faiblesse
Et veul'nt vous traiter d'séducteur,
Pour les remettre en bonne humeur,
On leur donn' des titr's de noblesse,
Et l'on fait la fill' dam' d'honneur.

Feu, Sire, votre grand-père s'était meublé comme ça une cour bien honorable.

LE ROI, *à part.*

Mais, d'après ce qu'il dit là, je puis bien aimer Madeline. (*haut.*) Eloi, je profiterai de ta leçon.

ÉLOI.

Ça me fera honneur, Sire, (*à part.*) et il m'en reviendra quelque chose; (*haut.*) mais voilà dix heures qui sonnent, il faudrait rentrer au château.

LE ROI, *se promenant à grands pas.*

Rentrer! du tout; je voudrais bien savoir si mon bel oncle d'Orléans, mon premier ministre, se couche tous les jours d'aussi bonne heure?

ÉLOI.

Certainement, monsieur le duc se couche toujours à la nuit tombante. Je suis sûr qu'à l'heure qu'il est il est déjà dans son lit.

LE ROI, *écoutant.*

Attends donc... on marche de ce côté.

ÉLOI.

Allons-nous-en par celui-ci... Dieu! c'est monseigneur!

LE ROI.

Mon oncle?

ÉLOI.

Oui, son altesse vient ici pour une affaire d'Etat.

LE ROI.

En effet : je me rappelle qu'il me l'a dit... il n'est pas seul.

ÉLOI.

Ce sont les autres ministres.

LE ROI.

Mais, de loin, je distingue une robe.

ÉLOI.

C'est quelque cardinal.

LE ROI.

Non, c'est une femme.

ÉLOI, *à part.*

Allons, me voilà bien.

LE ROI.

Je ne m'en irai pas, je veux rester.

ÉLOI.

Sire, vous allez me compromettre, me faire chasser...

LE ROI.

Allons, ne te désole pas, je vais me cacher.

ÉLOI.

J'aime encore mieux ça, dépêchez-vous. (*Il remonte vers le fond.*)

LE ROI.

Me cacher! où? dans ce bosquet, en escaladant cette charmille. (*Il monte par-dessus la charmille et va entrer dans le bosquet réservé.*)

ÉLOI.

Est-ce fait?

LE ROI, *sur la charmille.*

Oui...

ÉLOI.

Ah! mon Dieu! il va se jeter dans la gueule du loup; j'en aurai la jaunisse, c'est sûr.

SCENE XII.

LES MÊMES, LE COMTE DE NOCÉ, *puis* LE RÉGENT, MADAME DE PHALARIS, LE COMTE DE BORGES.

(*Des valets paraissent portant des flambeaux à plusieurs branches.*)

DE NOCÉ.

Vite! vite! voilà monseigneur! Éloi, ouvre la grille.

ÉLOI.

Oui, oui, monsieur le comte, je vas le livrer; on le mettra en pénitence, et moi, à la porte. (*Il ouvre la grille.*) Tiens, où est-il donc?

LE ROI, *qui s'est caché derrière un buisson, passe son bras et frappe sur l'épaule d'Eloi.*

Là, imbécile!...

NOCÉ.

Allons donc, Éloi! (*aux autres valets.*) Vous, placez ces lumières, avancez ces siéges.

LE RÉGENT, *donnant le bras à madame de Phalaris et suivi du comte de Borges, entre en scène.*

CHOEUR.

AIR du *Baron d'Hildburghausen.*

Un bon repas s'apprête :
Ah! pour nous plus d'ennui.
La gênante étiquette
Se voit supprimée aujourd'hui.

LE RÉGENT, *aux valets.*

Je défends qu'on m'accable
Et d'honneurs et de soins.
Sortez; car j'aime, à table,
Le plaisir sans témoins.

(*Reprise du chœur.*)

Un bon repas, etc.

(*Les valets sortent.*)

ÉLOI, *à part.*

Ils vont me renvoyer aussi... et le roi...

NOCÉ.

Eh bien! Éloi, que fais-tu là?

ÉLOI.

Moi... je...

LE ROI, *bas, en le poussant.*

Va-t-en donc!

ÉLOI.

Mais...

LE RÉGENT, *à madame de Phalaris.*

Nocé a dû tout arranger pour que notre petit souper fût délicieux; voulez-vous bien me donner la main?

LE RÉGENT.

Eloi, laisse-nous.

ÉLOI.

Oui, monseigneur. (*à part.*) J'en suis revenu de loin.

NOCÉ *à Eloi.*

AIR: *Tu vas changer de costume.*

N'entends-tu pas?

ÉLOI.

Je m'en vais à l'instant.

NOCÉ.

Et veille bien à ce que nul ne vienne.

ELOI, *regardant du côté du roi.*

Je suis perdu s'il faut qu'on le surprenne.
Dans tout le corps j'n'ai pas un' goutt' de sang.
Sa Majesté n'aura pas chaud, je croi,
Car justement il tombe de la brume,
D'l'air et du s'rein : Dieu, protége le roi,
Et fass' qu'il n'attrap' pas un rhume !

ENSEMBLE.

NOCÉ.

Monseigneur parle, obéis à l'instant
Et veille bien à ce que nul ne vienne ;
Garde surtout qu'ici l'on nous surprenne ;
Car le conseil veut rester permanent.

ÉLOI, *s'en allant.*

Oui, monseigneur, je m'en vas à l'instant
Pour bien veiller à ce que nul ne vienne.
Je suis perdu s'il faut qu'on le surprenne :
Sa Majesté m'compromet joliment!

SCENE XIII.

LES MÊMES, *excepté* ELOI.

LE RÉGENT.

Allons, messieurs, je vous donne l'exemple ; à table ! à vous, ma chère amie, à vous, la place d'honneur ; quelle délicieuse soirée !

NOCÉ.

Faite pour monseigneur.

LE RÉGENT.

Imbécile ! tu oublies qu'ici il n'y a plus d'altesse, ni de monseigneur, et surtout plus de sottes niaiseries ; au diable l'étiquette! mes titres à qui les veut, mais à moi le champagne !

LE ROI, *caché.*

Comment ! c'est là un conseil d'état ?

MADAME DE PHALARIS.

Pour vous la première santé !

LE RÉGENT.

Elle vous appartiendrait de droit, chère amie; mais aujourd'hui je la réclame pour celui qui fut l'ame de nos fêtes et le ministre de mes plaisirs. Nocé, remplis les verres ; je commence l'oraison funèbre à la mémoire de Dubois.

Air : *Amis, buvons et buvons frais.*

Au joyeux saint que nous pleurons
Donnons du vin au lieu de larmes ;
Nos chants et nos libations
Pour lui, là-bas, auront des charmes,
Encor des charmes.
Oui, buvons à son souvenir ;
A table il disait son office.
Le diable vient nous le ravir
Ayant besoin de son service.
Ah! buvons donc avec délice

TOUS EN CHOEUR.

A celui qui, pour calice,
Prit la coupe du plaisir.

MADAME DE PHALARIS.

Voilà une oraison digne de l'abbé ; c'est maintenant qu'il doit être fier de son élève!

LE RÉGENT.

Le drôle m'a fait connaître au moins le beau côté de la vie ; Louis XIV, tout puissant et tout aveuglé qu'il était de sa fumée de gloire et d'encens, Louis XIV fut-il jamais heureux? Non, non, le bonheur, le voilà! amour, amitié, bonne chère et bon vin : au château ma grandeur me gêne et mon pouvoir me pèse ; mais ici, oh! ici, je suis roi, je gouverne ; allons, mes amis, videz donc vos verres, ma raison attend pour partir que la vôtre déménage ; buvez, morbleu ! buvez pour oublier que je suis prince ; c'est quand l'ivresse arrive que l'égalité commence : Julie, un baiser ; Nocé, de Borges, du champagne et des chansons!

LE ROI, *à part.*

Il appelle cela gouverner?

CHOEUR.

Air *de Beniowsky.*

Amis, à ce gai rendez-vous
Que l'aurore
Nous trouve encore.
Buvons, rions, faisons les fous!
Savourant ce nectar si doux ;
Que l'aurore
Nous trouve encore.
Rions, buvons, faisons les fous!

SCENE XIV.

LES MÊMES, LE CAPITAINE DES GARDES,

LE CAPITAINE.

Monseigneur! monseigneur! où est monseigneur?

LE RÉGENT, *à moitié ivre.*

Au diable!

LE CAPITAINE.

Il s'agit d'une affaire...

LE RÉGENT.

A demain.

LE CAPITAINE.

Mais...

LE RÉGENT.

Aux arrêts pour six semaines, si tu dis un mot.

LE CAPITAINE.

Comme vous voudrez, monseigneur, mais je ne vous en apprendrai pas moins que le roi n'est ni dans son appartement, ni dans le château.

LE RÉGENT, *se levant.*

Hein! que dites-vous, monsieur? le roi...

LE CAPITAINE.

A disparu.

MADAME DE PHALARIS.

O ciel!

LE RÉGENT.

Trahison!

LE ROI, *à part.*

Mon cher oncle ne comptait pas sur ce dessert-là.

NOCÉ.

L'Espagne l'a fait enlever.

MADAME DE PHALARIS.

Des assassins, peut-être...

LE RÉGENT.

Oh! quelle pensée... Monsieur le capitaine, faites à l'instant ordonner des recherches dans le parc, dans toute la ville. Le trésor de France à qui ramènera le roi. Monsieur de Nocé, reconduisez madame; de Borges, suivez-moi; je veux m'assurer... quel événement! que va-t-on penser!... O mon Dieu! mon Dieu! sauve le roi! (*Il sort.*)

SCENE XV.

LE ROI, *sortant de sa cachette, va s'asseoir, en riant, à la place qu'occupait le régent.*

Ah! ah! courez, courez... Ah! ah! me voilà bien vengé de la peur qu'ils m'ont faite et de la gêne où j'étais là-dedans... Ah! mon cher oncle, vous parlez sagesse, morale; vous me faites coucher à huit heures... et moi qui voulais le prendre pour modèle... Eh bien! pourquoi pas! il était heureux tout à l'heure, et sa gaîté me faisait envie; oui, mais je n'oserai jamais m'amuser comme ça... (*regardant le champagne.*) c'est avec cela, dit-il, qu'il fait partir sa raison; ils appellent ce vin du champagne; ce n'est pas étonnant que je sois si raisonnable et que je m'ennuie tant, je n'ai jamais bu que de l'eau rougie; voyons... je suis bien seul... si j'essayais... ah! ah! Fleury n'en saura rien. (*Il boit.*) c'est excellent; vite, un second verre, et puis chantons comme eux.

AIR *de la Sabotière.*

Pan, pan, gloire au champagne!
Pan, pan; mais, oui, vraiment,
Pan, pan, l'esprit y gagne:
Pan, pan, il est charmant!

Oh! quel changement merveilleux!
Déjà ma raison déménage:
Je n'étais qu'un prince trop sage
Et je vais être un prince heureux!
Pan, pan, gloire au champagne, etc.

(*buvant encore et s'animant de plus en plus.*)

Le vin désormais me plaira:
Quelle douce chaleur j'éprouve!
La vérité, dit-on, s'y trouve;
C'est sans doute dans celui-là.
Pan, pan, etc.

Eh bien! j'ai fait comme mon oncle; j'ai bu... j'ai chanté... La tête me tourne bien un peu; mais je ne suis pas heureux.... Non, il me manque quelque chose... Ah! j'y suis... une femme!... Comme elle était jolie, celle qu'il embrassait tout à l'heure!... Oui, mais Madeline est plus gentille... A cette grande dame, je n'oserais jamais demander un baiser... tandis que je crois bien que j'aurais le courage d'en prendre deux à Madeline... Ah! si elle était là, à présent!...

SCENE XVI.

LE ROI, MADELINE, *qui entre en pleurant.*

MADELINE.

Ah! mon Dieu! le roi de France qu'est perdu!

LE ROI, *sautant de joie.*

Madeline!

MADELINE, *même jeu.*

Quoi! Sire, c'est vous? Ah! quel bonheur!

LE ROI.

Tais-toi, tais-toi, Madeline!

MADELINE.

On vous cherche.

LE ROI.

De quel côté?

MADELINE.

De l'autre côté du parc... Je vais les prévenir.

LE ROI.

Du tout, du tout; qu'ils cherchent... et le plus long-temps possible... Oh! Madeline, Madeline, que je suis content de te revoir!

MADELINE.

Et moi donc, Sire... Mais comme vous êtes rouge! comme vos yeux brillent! Pourquoi donc me prenez-vous la main?

LE ROI.

Je ne sais pas... Mais laisse-moi faire, je t'en prie.

MADELINE.

Tiens! mais, comme il est vif, à présent!

LE ROI.

Madeline, écoute.

MADELINE.

Oui, Sire.

LE ROI.

D'abord, oublie que je suis roi... Comme dit mon oncle, quand l'amitié... je ne m'en souviens plus. Mais, c'est égal... Ne m'appelle plus Sire, ne me parle plus de respect, mais parlons d'amour.

MADELINE.

D'amour!

LE ROI.

Oh! c'est bien plus amusant, va!

MADELINE.

Si monsieur de Fleury vous entendait?

LE ROI.

Au diable Fleury et tous les pédans de mon royaume!... Madeline, il faut que tu m'aimes et que je t'embrasse.

MADELINE.

Par exemple!

LE ROI, *timidement.*

Tu ne veux pas?...

MADELINE.

Certainement.

LE ROI, *tristement.*

Ah! ça allait si bien... Oh! il faut que je me donne du courage. (*Il court à la table et se verse du champagne; mais il s'arrête au moment de boire.*) Quelle idée!... Si je lui faisais goûter aussi de ce vin? elle serait moins sévère... Oui... il faut qu'elle perde aussi la tête... et alors... Oh! alors... ce sera charmant. (*revenant à elle.*) Madeline, Madeline, je t'invite à souper...

MADELINE.

Moi, souper avec vous?

LE ROI.

Sans doute.

MADELINE.

Dame! si votre Majesté l'ordonne.

LE ROI.

Oh! s'il ne faut que cela, je te l'ordonne.

MADELINE.

Pourvu qu'Eloi ne vienne pas nous déranger?

LE ROI.

Viens donc, est-ce que tu as peur?

AIR : *Avoir une belle toilette* (Grisette mariée).

Va, ne crains rien, gentille amie,
Ton roi n'est plus que ton amant :
Donne-moi cette main jolie,
L'espoir me revient à présent.
C'est mon premier jour de folie :
Plus de sagesse maintenant,
Et je veux être entreprenant.

MADELINE.

Mais je commence à craindre son audace,
Et je crains bien plus encore mon cœur.

LE ROI.

Tout près de moi, voyons, prends cette place :
Ah! cette fois voilà bien le bonheur!

Reprise.

MADELINE.

Quoi! vous m'appelez votre amie?
Quoi! j'aurais un roi pour amant?
Vraiment, vous me trouvez jolie?
C'est bien flatteur, assurément.
C'est son premier jour de folie;
Puis-je être sage maintenant!
C'est son premier jour de folie;
Mais il est trop entreprenant.

LE ROI, *buvant.*

Oui, dans mon cœur ce vin dissipe
La crainte et la timidité.

(*Il l'embrasse.*)

MADELINE.

Que faites-vous?

LE ROI.

Je m'émancipe.
J'entre aujourd'hui dans ma majorité.
Rapproche-toi, etc.

(*Tout occupé de Madeline qu'il tient embrassée, le roi n'entend pas le régent qui entre conduit par Eloi, et suivi de tout le monde portant des flambeaux.*)

SCENE XVII.

LES MÊMES, LE RÉGENT, ÉLOI, NOCÉ, MADAME DE PHALARIS, DE BORGES, LE CAPITAINE.

LE RÉGENT, *à Eloi.*

Mais, enfin, où nous conduis-tu?

ÉLOI.

Chut! avancez tout doucement, je suis sûr qu'il se sera endormi...

LE RÉGENT.

Là?

ÉLOI.

Oui, là...

(*Le régent approche ainsi que toute sa suite; grande surprise à la vue du roi, le verre à la main, et Madeline presque sur ses genoux.*)

LE RÉGENT.

Que vois-je? le roi!

ÉLOI.

Ah! Madeline!

MADELINE, *se levant toute confuse.*

Oh! mon Dieu!

LE ROI.

Ah! ah! bonsoir, notre très cher oncle.

LE RÉGENT.

Ah! Sire, avez-vous pu vous faire un jeu de notre inquiétude? Toute votre maison militaire est sur pied.

LE ROI.

Ma maison militaire?... Vraiment! voilà la première fois que je lui fais prendre les armes; mais la campagne ne sera pas longue. Pendant ce temps, moi j'étais à table, et je m'y trouvais beaucoup mieux que dans mon lit.

LE RÉGENT.

Mais que faites-vous là?

LE ROI, *vidant son verre.*

Vous le voyez, je gouverne.

ÉLOI.

Avec Madeline... Voilà un drôle de ministre!

LE RÉGENT, *bas au roi.*

Sire!... vous vous compromettez.

LE ROI, *riant.*

Vous croyez?

LE RÉGENT.

Était-ce là ce que vous m'aviez promis?

LE ROI, *souriant.*

Mais certainement, monsieur le régent. (*bas.*)

AIR *de Louise.*

N'étiez-vous pas assis à cette table?
Là vous chantiez, là vous étiez joyeux.
N'étiez-vous pas près d'une femme aimable,
Le verre en main, le bonheur dans les yeux?
Quoi! monseigneur, blâmez-vous donc mon zèle!
Vous plaignez-vous de me voir trop soumis?
Je vous devais prendre en tout pour modèle,
Et j'ai tenu ce que j'avais promis.

LE RÉGENT, *à part.*

Ma foi, mon élève me fait honneur.

LE ROI.

J'ai assisté à un conseil d'état; j'ai trouvé cela fort amusant, et vive Dieu! j'ai voulu régner par moi-même. A l'avenir, je veux m'occuper un peu de mes sujets et beaucoup de mes sujettes.

ÉLOI.

Tiens! tiens, moi qui croyais qu'il dormait... C'est qu'il est joliment éveillé.

NOCÉ, *bas au régent.*

Monseigneur, je crois que notre régence est finie.

LE RÉGENT, *de même.*

Eh bien! mon cher, elle aura été courte et bonne.

LE ROI.

Au reste, je ne veux pas plus long-temps inquiéter ma maison militaire... Il se fait tard... il est temps d'aller se coucher.

(*Il prend le bras de Madeline.*)

ÉLOI.

Pardon, excuse, Sire; c'est moi, Majesté, qui vous reconduira tous les soirs.

LE ROI.

Ah! c'est juste... A demain, Madeline.

LE RÉGENT, *à part.*

Oh! pas de lendemain... (*haut.*) Sire, j'ai pris la liberté de consentir, en votre nom, au mariage d'Eloi avec cette jolie enfant, et de promettre toujours, en votre nom, cent louis de dot.

ÉLOI, *à part.*

Il ne m'a pas dit un mot de cela.

LE ROI.

Madeline se marie déjà!

LE RÉGENT.

Oui, dans un mois; et demain, elle part avec son père qui devient mon jardinier, avec augmentation de traitement... Eloi, c'est au Palais-Royal que tu viendras chercher ta femme.

LE ROI.

Mais, mon oncle...

LE RÉGENT, *à Eloi.*

Remercie sa Majesté.

ÉLOI.

Majesté, c'est une surprise bien agréable pour moi.

LE RÉGENT, *à Nocé.*

Nocé, nous changerons la dépêche au roi de Pologne. Il nous faut vite une reine.

MADELINE.

Adieu, Sire.

LE ROI.

Mais, mon oncle, je ne veux pas...

MONSIEUR DE NOCÉ.

Sire, je vous annonce monsieur l'abbé Fleury.

LE ROI, *avec effroi.*

Mon précepteur... (*avec timidité et sans oser regarder Madeline.*) Bonsoir, messieurs... (*Il se dirige vers l'abbé et semble lui demander pardon. Le régent sourit en le voyant.*)

CHŒUR.

AIR *du Final de Vert-Vert.*

A l'avenir et sans contrainte
Enfin nous nous amuserons;
Du roi nous n'avons plus de crainte,
Du régent il suit les leçons.

(*Après le chœur le roi s'éloigne de l'abbé Fleury.*)

LE ROI.

Monsieur l'abbé, un moment... et je suis à vous. (*au public.*)

AIR *de l'Apothicaire.*

Assez souvent la royauté
De morgue et d'ennui s'environne;
Que les plaisirs et la beauté
M'aident à porter la couronne.
Si vous le vouliez, je dirais,
Grace aux leçons de la régence :
J'ai fait sourire mes sujets;
Voilà mon règne qui commence.

Reprise du chœur.

A l'avenir, etc.

(*Sortie du roi, qui suit humblement l'abbé Fleury. Tableau.*)

FIN.

PIÈCES NOUVELLES

Publiées par Barba.

LOUIS XI, tragédie en 5 actes, par M. Casimir Delavigne.

LA TOUR DE NESLE, drame en 5 actes et en 9 tableaux.

DIX ANS DE LA VIE D'UNE FEMME, ou les Mauvais Conseils, drame en 5 actes, par MM. Scribe et Terrier.

ROBERT-LE-DIABLE, opéra en 5 actes, par MM. Scribe et G. Delavigne.

LA TENTATION, ballet-opéra en 5 actes.

UN DUEL SOUS RICHELIEU, drame en 3 actes, mêlé de couplets, de MM. Lockroy et Badon.

LA MARQUISE DE BRINVILLIERS, drame lyrique en 3 actes, par MM. Scribe et Castil-Blaze.

VERT-VERT, comédie-vaudeville en 3 actes.

L'HOMME QUI BAT SA FEMME, tableau populaire en un acte, mêlé de couplets.

Mme GIBOU ET Mme POCHET, ou le Thé chez la Ravaudeuse, pièce grivoise en trois actes, mêlée de couplets.

LA CHANTEUSE ET L'OUVRIÈRE, vaudeville en 4 actes.

LE RÉGENT, com.-vaud. en 3 actes, de M. Ancelot.

DEUX JOURS, ou la Nouvelle Mariée, comédie en trois actes, mêlée de couplets, par M. Ancelot.

ANNA, comédie en 1 acte, mêl. de couplets, par M. Ancelot.

UN CAPRICE DE GRANDE DAME, comédie en 2 actes, mêlée de couplets, par MM. Ancelot et Xavier.

UNE COURSE EN FIACRE, coméd.-vaud. en 2 actes.

LES 6 DEGRÉS DU CRIME, mélodrame en trois actes.

LE FAVORI, ou la Cour de Catherine II, comédie-vaudeville en 3 actes, par M. Ancelot.

LE COURRIER DE LA MALLE, comédie-vaudeville en 3 actes, par MM. de Rougemont, de Courcy et Dupeuty.

LOUIS-BRONZE et le Saint-Simonien, parodie de Louis XI, en 3 actes et en vers burlesques.

LES FEMMES D'EMPLOYÉS, coméd. en 1 acte, mêlée de couplets.

LES CHAPEAUX SÉDITIEUX, à-propos-vaud. en 1 acte.

SCARAMOUCHE, ou la Pièce interrompue, anecdote de 1669, en 2 actes, mêlée de couplets.

HAN D'ISLANDE, mélodrame en 3 actes et en 8 tableaux.

PAUL Ier, Drame historique, en 3 actes et en prose.

LE FOSSÉ DES TUILERIES, revue-vaudeville en un acte, avec les scènes supprimées à la représentation.

CAMILLE DESMOULINS, drame en 5 actes.

DOMINIQUE, ou le Possédé, comédie en trois actes, en prose, de MM. D'Epagny et Dupin.

L'INCENDIAIRE, ou la Cure et l'Archevêché, dr. en 3 act.

LES QUATRE SERGENS DE LA ROCHELLE, mélodrame en trois actes.

MADAME LAVALETTE, drame historique en deux actes.

171

www.ingramcontent.com/pod-product-compliance
Ingram Content Group UK Ltd.
Pitfield, Milton Keynes, MK11 3LW, UK
UKHW021032260726
13994UKWH00005B/2099

9 782329 418308